방아쇠를 당기는 아침

국립중앙도서관 출판예정도서목록(CIP)

방아쇠를 당기는 아침 : 박은주 시집 / 지은이: 박은주. --
대전 : 지혜 : 애지, 2018
　　　p. ;　　cm. -- (J.H classic ; 019)

대전광역시, 대전문화재단에서 사업비 일부를 지원 받았음
ISBN 979-11-5728-273-9 03810 : ₩10000

한국 현대시[韓國現代詩]

811.7-KDC6
895.715-DDC23　　　　　　　　　　　CIP2018012133

J.H CLASSIC 019

방아쇠를 당기는 아침

박은주

지혜

시인의 말

기침 때문에 숨이 막히는데
입 맞추고 싶은 이유는 뭘까
머리맡에 쌓이는 휴지만큼
보고 싶은 마음도 쌓인다
널 보지 못해 눈이 아프고
널 안지 못해 열이 난다
밤새 앓고 눈 뜰 때
네가 보이면 좋겠다

2018년
박은주

차례

시인의 말 ——————————— 5

1부 오늘도 물 오른 연기를 펼친다

신데렐라의 티타임 ——————— 12
AM 08:52 ————————————— 13
영화 찍는 사회 ———————————— 14
피규어랜드 —————————————— 16
개다래나무 —————————————— 18
주사위 게임 ————————————— 19
영정 影幀 ——————————————— 20
범죄의 현장 ————————————— 22
버려진 주문 ————————————— 24
별똥숲 ———————————————— 26
먼지다듬이는 책을 읽지 않는다 ——— 28
지나가는 비 ————————————— 29
새벽 산책 —————————————— 30
꽃다발 ———————————————— 32
숙취 ————————————————— 34
저녁시장에서 온 자화상 ——————— 35
모퉁이 중고책방 ——————————— 36
노하우 ———————————————— 38

2부 비우지 못한 말이 주머니에 달라붙는다

커티삭號	40
환승지	42
얼굴을 기다리며	43
오아시스는 나그네를 기다린다	44
배려하는 마음	45
톱밥은 어떻게 밥이 되는가	46
부적	47
야식동물	48
인어공주	50
하이테크빌딩 복도에서	52
성냥팔이 모녀의 새벽 커피	53
종이 문패	54
규화목	55
갈라테이아의 소원	56
기념식수	57
바다를 옮기는 사람	58
희망봉	59

3부 언젠가라는 시간은 오지 않고

암호명 얼룩고양이 —————— 62
실향민 ————————————— 64
배웅 —————————————— 65
마리오네트 ————————————— 66
널 죽이고 싶어 ———————————— 67
액자 속 풍뎅이 ———————————— 68
제 멋대로 흐르는 시간 ————————— 69
목요일 오후의 대청소 ————————— 70
현기증 ———————————————— 71
하트의 귀향 ————————————— 72
갯벌 ————————————————— 74
날파리증 ——————————————— 75
말풍선의 이동경로 —————————— 76
운석 ————————————————— 77
장승 ————————————————— 78
살마키스 ——————————————— 80
블랙홀의 미스터리 —————————— 82
동백숲 ———————————————— 83
얼룩무늬 사과 ———————————— 84

4부 아직 태어나지 않은 네가 되고 있어

그루잠	86
夢鏡	87
모의법정	88
방아쇠를 당기는 아침	90
잡어의 이름값	91
종합시험	92
날개의 가치	93
친절한 불면증	94
거품대륙	96
물방울무늬의 방문	98
지수리 여울	100
배경이 되다	102
비무장지대	104
지붕에서 보는 별은 젖어 있다	106
만찬	107
폐경	108
피터팬의 상식	109
유목인	110
대왕고래의 영가靈歌	111

해설 • 삶을 견디는 마약, 시 • 길상호 ——— 114

• 일러두기
  한 연이 첫 번째 행에서 시작될 때는 > 로 표시합니다.

1부

오늘도 물 오른 연기를 펼친다

신데렐라의 티타임

단호박마茶를 타고
생애 최초의 사기사건이 떠오른다

영원히 함께 살 줄 알았던 엄마가 떠나고
일기를 태우고 사진을 자르며
두 언니와 유리구두는
늘어진 목주름 사이에서 숨을 멈춘다

댄스곡이 시작되었는데 요정은 오지 않고
젖은 걸레만 춤춘다
개울에 떨어뜨린 신발은
붉은 기침 토하며 구멍 난 엄마를 찾아 흘러 다닌다

새 신발을 찾지 못해
뒤꿈치는 딱딱하게 갈라진다
여기는 누구의 이야기 속일까
12시가 되어도 아무도 나타나지 않고

초인종 소리에 고개 돌리니
찻잔이 다 식었다
택배, 아니면 세탁물

AM 08:52

떨어진 깃털을 주워드니 굳은 날개가 진저리 친다

크고 힘찬 날개가 있었는데
펼치면 우주의 노래가 흐르고
별빛 바다가 쏟아지던 날개

기침할 때마다 하나씩
죽을 때마다 하나씩
다시 살아날 때마다 하나씩
떨어진 깃털은
날고 싶어 온몸을 흔든다

내 것인 줄 알았던 깃털이
모르는 사람의 어깨에 붙어있다
날개가 있던 자리는 커다란 혹으로 남았다

미열이 남아있는 아이를 맡기고
도가니 속으로 들어가는 월요일
펼쳐지지 않는 둥근 혹에 신분증 매달고
시간의 둘레를 서성인다

영화 찍는 사회

  이제 카메라 앞에서도 자연스럽다
  촬영과 동시에 완성되는 시나리오

#4 어두운 골목
  비틀거리며 걷는 남자, 벽을 향해 돌아선다. 잠시 후 다리를 부르르 떠는
#28 네거리 횡단보도 앞
  버스정류장으로 뛰는 여자, 격렬하게 키스하는 커플과 스마트폰에 얼굴을 박은 사람들 사이로 비켜가지만. 버스 지나가버리고
#96 엘리베이터 안
  거울에 이빨을 비춰보는 남자, 문이 열리자 넥타이를 고쳐 매는

  코미디에서 멜로까지 장르를 넘나드는 메소드 연기
  렌즈의 입맛대로 우려낸 연출 감각
  배우수업 없이도 연기대상에 걸맞은 액션을 뿌린다

  촘촘히 박힌 눈동자와
  검은 상자 속에서 하루를 깎는 소리

\>
　- 메모리가 다 찼습니다

　의상을 바꾸고 다음 씬으로 넘어갈 차례
　오늘도 물 오른 연기를 펼친다

피규어랜드

오늘의 세상은
오 분 전에 완성되었다
목이 잘리지 않으려면
그들의 망상을 믿어야 한다
무엇이든 가능하다
그들에게는

왕이 바뀔 때마다 지진이 일어난다
살아있는 건 아무 것도 없는데 모두 움직인다
누구도 승자로 남지 못하는
그들의 규칙
어제 나는 전사였으나
유령이 되어 칼을 휘두른다
선반 위에서 신탁의 무녀들이 소문을 나른다
한때 연인이었던
언제 적이 될지 모를 여인들
임명장을 기다리며 줄지어 선
병사들의 뱃속은 모래주머니뿐이다
태초부터 쌓인 먼지가
눈꺼풀을 덮고 있다

\>
　숨 쉬지 않는 푸른 나무와
　짖지 않는 개 한 마리가 입구를 지키는
　여기가 진짜 세상이다

개다래나무

난 가끔 마약을 해
웅덩이에 고인 물로 속을 채워도
눅눅한 어둠을 헤매도
내일은 생선꼬리를 찾을 거라고
말라붙은 배를 움켜쥐고
희망을 밀어 넣어
세포 하나하나 뜨거워지는 고문

가시 박힌 내장을 따라 낯선 거리로 항해를 시작해 속눈썹에서 시작된 비바람이 기둥을 삼키는 동안 썩은 봉투를 핥지
  비릿한 바람에 꼬리를 세우고 수염이 이끄는 대로 진흙탕을 건너 깨진 도로에 발톱이 찢겨도 몽둥이를 피하려면 달려야 해

뼈가 뒤틀리고 숨이 가빠와
땀이 솟는데 살점이 얼어붙고
내버려 둬
약 없이 살 수 있는 계절이 거의 다 왔어

주사위 게임

하얗게 질려가는 일요일
검은 손이 머리채를 잡아끌면
칸과 칸 사이를 헤매기 시작한다
미끄럼틀을 타고 어제로, 한 달 전으로, 일 년 전으로
공사 끝난 벽돌집이 공터가 되고
감독이 바뀔 때마다 묻어둔 설계도가 밖으로 나온다
턱없는 뱀을 피해 곁눈질하는 사람들
자리를 사고, 순서를 거래하러 부리나케 달린다
로켓이 말줄임표로 뛰어오르다
출발점으로 돌아가는 규칙

나는 스물두 칸 아래로 떨어지며
장애물 뒤에 몸을 숨긴다
출구는 우아함을 가장한 승자에게 열리고
병든 주사위 앞에서 나는 더 가난해진다
사랑하는 시늉을 하며 절룩거려도

다시 주사위를 던진다

영정 影幀

저녁 늦게 퇴근하고 먹자골목을 지나면
고기 굽는 냄새가 내장을 깨운다

번쩍이는 간판 사이로
돼지고기 집에서는 돼지가
닭고기 집에는 닭이 활짝 웃는다

사무실 밖 안내판에는 나도 웃고 있다
저녁마다 약을 지어먹고 기절한 채 밤을 보내도
아침이면 정육점 고기처럼 가지런히 앉아
칼이 들어오는 대로 불에 던져지는 대로 묵묵히 지내다
배신의 입에 먹혀도 얼굴은 웃고 있다

배고픔이 먼저이기에
돼지는 기꺼이 살을 내주었다고
속으로도 정말 웃는다고 결정한다
1인분으로 차려진 조촐한 제사상
고기가 익길 기다리며 묵념하고
술을 따라 제사 끝내고 음복

\>

시장골목 문구점 브로마이드에는
앳된 얼굴의 연예인이 웃고 있다

범죄의 현장

어제를 옮긴 문장, 작년과 같은 단어
죽은 척 가만히 있으니 실패도 없다

지붕 위로 태풍이 몰아쳐도 차렷 자세 그대로

벽이 점점 높아진다
열두 개의 발로 사이와 사이를 채워가는 벽
바다 건너편에서 폭동이 일어나도
내 집이 아니면 그만이다

돌아서야 속내를 뱉어내는 사람들
약속을 잊고 주소도 잊는다

누구도 울지 않았다
엄마를 찾던 아이가 골목을 돌아 사라졌다
지워진 이정표 때문에 길 잃은 여행자도 낮잠에 들었다

하루를 다 삼켜도 새로운 비유 하나 거두지 못하는
현행범들이 거리를 떠돌며
서로의 뒷모습을 베낀다

>
　나는 리모컨을 움켜쥐고 소파에 붙어
　밀린 빨래처럼 시들어간다

버려진 주문

나는
금강휴게소 난간에 매달린 자물쇠
반짝이던 은빛 몸은 갈색 가루로 덮였다
온통 녹이 스며 몸통과 고리가 하나로 되었거나
이제 막 깨어난 새 것도 있다

그때는 사랑한다고 믿었을 사람들
지금도 사랑하고 있을까

발걸음 머무는 철망마다
어지러운 주문이 걸려 있다
열쇠는 어디 갔을까
함께 있어야 할 그녀는 기억조차 없는데

열기 위해 잠그는 고리
풀기 위해 묶는 매듭
이으면 끊어야 할 때가 있어
나와 그녀는 나란히 태어났지만

철컥, 한 번의 소리로

봉인된 채
녹슨 쇳덩이가 되어 바람을 건넌다

별똥숲

별똥은 주인에게 돌아가지 못하고
그곳에 모여 숲을 이룬다
고향이 그대로이면 언제까지고 빛을 내다가
이야기가 사라지면 빛도 사그라들어
돌덩이가 된다

그리운 마음이 한 방울씩 숲으로 들어오면
별똥숲지기는 까맣게 식은 돌덩이를 찾아내
벼랑 아래 차곡차곡 던져놓는다

그날은 숲이 온통 환하게 빛났다
누구의 그리움이 그토록 사무쳐
수천 개 전구처럼 빛나는지
숲지기는 자신도 모르게 눈물 흘렸다

열병 앓는 사람들이
모르는 곳에서 함께 울었을 그날
폭포처럼 쏟아지던 통곡이 지나면
별똥은 가파른 숨을 내쉬다
서서히 벼랑 끝으로 간다

>
　가장 밝은 빛은 새로 온 별똥의 것
　오늘도 눈처럼 쏟아진다

먼지다듬이는 책을 읽지 않는다

  오래 묵은 책을 펼치니 노란 점 하나가 빠르게 지나간다 너무 작아 몸통과 다리도 분간할 수 없는
  움직이는 점을 가볍게 눌러 털어버린다

*

  세상이 뒤집히더니 눈부신 빛이 하늘을 덮는다 거대한 기둥이 내려와 광야를 달리던 동료를 가루로 만든다 나는 가까스로 목숨을 구했다 가장자리에 바짝 숨어있었기 때문이다 흔들리는 바닥에 몸을 붙이고 숨을 고른다
  갑작스런 사고만 없다면 살기 좋은 곳이다 바스러지는 가루를 받아먹고 닥치는 대로 갉아대며 오늘만 배불리 먹으면 한 세상 잘 산 목숨이다
  먹을 수 있는 것과 먹을 수 없는 것, 세상을 보는 기준은 하나다 지진이 멈추었다 우리는 곧바로 이빨을 드러낸다

*

  책 속에 살아도 책인 줄 모른다
  세상에 던져진 채 살아도 세상이 무엇인지 모르는
  한 마리 먼지다듬이

지나가는 비

낮술에 취한 구름이 비틀거린다

달구어진 땅바닥은 건드리지 못하면서 구멍 난 양말만 적셔놓는다

물방울이 소멸에 대해 속삭인다

당신이 아는 허공은 허공이 아니라고

돌고 돌아도 벗어날 수 없는 고리

물속의 시간도 말라가는 중이다

지금 사라지는 생生 잠시 후 계속될 거야

메마른 바람을 뚫고 손등에서 눈물자국이 피어난다

새벽 산책

젖은 풀잎에 끌려 느티나무 숲으로
초록이 아쉬운 오솔길을 따라간다

지난 밤 내린 비로
나무는 검은 기둥이 되어 신전을 지키고
안개 덤불이 길을 감춘다

멀리서 보면 서로 부둥켜안고 있다
한 발 다가서면 손을 잡고 있는 듯 보인다
가까이 가면 서로를 부르며 손짓 한다
그 속에 들어가야 알게 된다
살닿은 적 없이 띄엄띄엄 자리 잡고
한 번도 선을 넘지 않는다는 걸

사이와 사이가 멀어질수록
소리 없는 바람이 빈자리를 메우고
마른 낙엽만 그늘 속에서
찬란했던 여름을 기억한다

안개는 길을 잉태한다

땀에 젖은 물음표를 비워내자
산등성이가 아침 해를 낳는다

꽃다발

죽을힘을 다해 죽어간다
말이 통하지 않는 무리에 끼어
고개 숙이지 않으려 머리카락을 쓸어 올린다
한 다발로 묶여도 섞일 수 없다
가시와 껍질로 칸막이 쌓으며 자리 지킨다

반짝이는 포장 뒤에서 어깨가 어깨를 먹고
돌아갈 자리는 발 닿지 않는 곳에 있다

물속에 잠겨도 목이 마르다
꽃잎 마르기 전에 흩어지는 맹세
철사에 묶인 심장이 거꾸로 흐르며
수직으로 추락하는 얼굴

붉은 꽃잎도, 피다 만 봉오리도
한 번의 조명이 꺼지면
흐트러진 입을 애써 모으며
쓰레기통 속 광대가 된다

무른 발바닥이 간지럽다

뿌리가 돋아나는지 고름이 터지는지
부르튼 입술이 바스락거리는데

누군가 새로운 꽃을 꺾고 있다

숙취

1
주신제酒神祭의 밤이 깊어간다
축복의 물방울은 핏줄을 사로잡고
손발이 늘어질 때 혀는 묻어둔 자물쇠를 뱉어낸다
지워지지 않는 흉터도 눈꺼풀로 가려지고
몽롱한 터널을 지나 모든 것이 멈춘다

2
도시는 꼬마전구 가득 박힌 체스판이다 휘청대며 화려한 빛을 낳는 거리, 도시에서 내몰린 어둠만 산등성이 지붕 밑을 서성인다 내일이면 무너질 기둥 위해 잔을 세우자
　게임에 지친 말들이 빛에 취해 쓰러질 때 낡은 지붕 아래선 말 없는 그림자들이 잔을 부딪친다 볼 수 있는 건 한 가지뿐 언제나 여기 없는 것에 과녁이 생긴다

3
무릎과 팔꿈치의 푸른 얼룩은 어디서 온 거야
세배쯤 불어난 눈두덩은 광대뼈를 삼키고
어디서 무슨 일이 있었던 거지
살아있는 건가
아직도

저녁시장에서 온 자화상

금요장터에서 딸기를 샀다
윤기 나는 한 줄을 걷어내니
반쯤 무른 딸기가 바닥을 채운다
하나씩 걷어내 거름망에 던지다 문득
멈춘다

예뻤던 시절이 있다
탐스러운 곡선을 만들기 위해
뿌리에서 잎까지 쉼 없이 물 나르고
나비 더듬이를 잡아놓느라
진한 향기 내밀며 별빛 세던 시절

어리고 통통한 열매가 들어오며
아련하게 남은 달콤함도 잊고
싱그러운 열매가 시선 받는 사이
그늘에 묻혀 색을 잃는다

나는 무른 딸기를 건져 손질한다
접시 위에선 반쪽짜리 딸기도 참 예쁘다

모퉁이 중고책방

죽은 나무의 넋이 영웅의 서사와 함께 머무는 곳
무성한 열대의 기억이 쏟아진다
밀림에서 길을 잃는 건
그들의 기억이 잠을 부르기 때문이다

베스트셀러였거나
맨 아래 머릿돌이거나
은둔하는 수도승이라 해도
지금은 삭아버린 모서리
때 묻은 페이지마다 물결무늬가 새겨있다
벌레가 읽고 간 행간

 밀림에는 환상이 빼곡하다
 앞 못 보는 단어가 샛길을 따라가다 미로 속에 갇힌다 고여 있던 한숨들이 낡은 표지 아래 검은 혀를 내민다 거꾸로 선 나무 위옅은 잠을 헤매던 뿌리는 잉크가 되어 떨어진다

 잠든 밀림은 소리를 삼킨다
 찢어지고 더렵혀져도 말이 없다
 그들을 따라 나도 침묵한다

죽은 넋이 깨어 스스로 말할 때까지
마른 지팡이에서 새순이 돋아날 때까지

노하우

그거 알려줄까
머릿속을 청소하는 법

새 옷을 입어도 알아주는 사람 없거나
냄비 타는 줄 모르고 늘어놓는 자식 자랑에 귀가 먹먹해질 때
피땀 흘려도 갚을 돈이 줄어들지 않으면
아무렴, 대청소가 필요하지

귀 뒤쪽 요철 두 개와 눈썹 사이 홈을 함께 누르면
뚜껑이 열려
이봐, 곰팡이가 잔뜩 피었어
몇 세기는 묵은 먼지 냄새
주름마다 끼어있는 검은 때를 보라고

칫솔로 삭삭 문질러
햇볕 따사롭고 바람 산산한 베란다에 반나절 널었다가
제 위치 찾아 넣고 뚜껑 닫으면
청소 끝

— 그게 싫다면 최선의 방법, 길로틴*

* 길로틴guillotine : 단두대.

2부

비우지 못한 말이 주머니에 달라붙는다

커티삭號

숭고한 예식을 치르듯
아버지는 부속 하나하나 입김을 새겼다
야근이 끝나면 드라이버와 펜치로
원시바다의 초대장을 담았다

밀린 외상값을 한껏 머금은 돛
마루 건너 신대륙으로 향하는 선체

달빛이 마려워 항해하는 그를 보았다
뿌연 달빛에 허리를 맡기고
흔들리는 안테나 위에 떠있었다

한 번도 나간 적 없지만
오랜 항해로 돛은 낡고 흠집이 생겼다

그는 떠나기 위해 태어난다
빙하의 냄새도 맡아본 적 없지만
이름 뒤에 감춰진 여운이 그를 부른다

정박해있는 것도

구경거리가 되는 것도 거부한 그는
지붕이 내려앉은 밤
아버지를 싣고 북방항로를 지나갔다

환승지

6인용 객실에 앉아
창문을 바라본다
검은 커튼이 내려진 창문 너머 그녀가 사라지는 중이고
유리창이 그녀의 미소를 안고 있다
시간을 삼킨 무거운 공기
바닥에 잠긴 숨소리가 발목을 누른다
어느 칸은 발톱을 세워 머리카락을 뜯고
어느 칸은 손가락에 숫자를 새긴다
간혹 울음을 낳아 키우는 칸도 있다
느린 걸음으로 복도에 번지는 사람들
눈 밑이 어두워 깊은 샘이 고였다
저승 가는 기차가 덜컹거리는지 멀미가 올라온다
거센 물결 지나 마음도 무늬를 잃었을 때
여행이 끝났다
영생관리사업소 12번 관망실
커튼이 젖히고 작은 상자가 들어온다
나는 **뼈**를 갈아타고 국경을 지난다

얼굴을 기다리며

이봐요, 이거 떨어뜨렸어요
뒤에서 누가 팔을 당기며 구겨진 물건을 내민다
다시 쓰지 않을 어제의 가면
너의 뒷모습만 바라보다 찢어지기에 나도 버린 걸
행인은 얼굴 없는 나를 보더니 뒷걸음질로 달아난다

저기, 이거 가져가야죠
거스름돈을 내미는 목소리를 따라 눈길 옮기니
나와 같은 얼굴의 여자가 입을 실룩거린다
광장의 사람들 모두 같은 모습이다
넌 그들 중 누구와 사랑하고 입 맞춘 걸까
난 누구와 이별하고 누굴 위해 입술을 깨물었을까

널 찾아 떠돌지 않을 얼굴로 바꿔야 한다
다시 가면을 떼어낸다
며칠 지나면 빈자리에 새 살이 돋을 거다
똑같은 판형이지만 주름이 줄고 표정이 사라진

구걸하지 않고도 혼자 갈 수 있는
상처가 생겨도 표시 나지 않는
새로운 가면이 돋아날 거다

오아시스는 나그네를 기다린다

그녀는 언덕배기 다섯 번째 계단에 앉아있습니다
긴 머리는 지푸라기처럼 어깨를 가리고
얼룩진 살결 위에 어제의 냄새가 고입니다
영하의 바람에도 맨발로 콧노래를 흥얼거리며
거리와 거리 사이를 바라봅니다

길 잃은 발바닥에는 오랜 가뭄이 거쳐 가
갈라진 틈새에서 신음이 나옵니다
그녀의 노래는 마른 자갈로 시작해
일그러진 웃음으로 끝나고
모래톱에 빠지듯 어깨의 들썩임도 사그라집니다

눈 내리는 아침에도 그녀는 계단에 앉아있습니다
부르튼 손등이 눈발 사이로 까맣게 다가옵니다
사람들이 빠른 걸음으로 비켜가는 동안
그녀는 빈 하늘을 바라봅니다

여름이 발자국을 지울 때 그녀도 길을 잃었나 봅니다
가로수들이 술렁대는 소문만 남고
다섯 번째 계단은 비었습니다

베려하는 마음*

남을 베려하는 마음

시내버스 유리창에 매달려
라디오의 독백을 바라보다
등 돌려버린 모음 하나

몸싸움으로 끝나고 마는 국회와
밀린 의료보험비
가라앉은 배 한 척을
단단하게 말아
기관총에 장전하고 나온 새벽

방아쇠를 당겨도 화약이 터지지 않는다
불량품이 내는 목 쉰 소리가 손잡이를 흔든다
뒤통수에게 살인계획을 들킨 것 같아
비틀거리며 버스에서 내린다

거봐, 너도 등 돌리잖아
뒤에서 싸늘하게 돌을 던지는 모음 하나

* '배려하는 마음'의 오자.

톱밥은 어떻게 밥이 되는가

입을 벌리면 복제된 아이들이 들어옵니다
책상과 의자가 나란히 꽂힌 뱃속은 늘 소화불량이에요
공식과 단어를 주워 먹느라 밤 새워도 더부룩하죠

수술대를 거치면 똑같은 얼굴이 되는 여자들처럼
내 뱃속을 지나면 모두 비슷한 맛이 됩니다
맵거나 짜거나 톡 쏘는 맛 따위 기대하지 마세요
밍밍하고 싱거운 것이 다루기 좋으니까요

틀에 안 맞으면 던져버리고
담장 밖에서 속옷을 벗어도 눈길 주지 않아요
내 뱃속에 들어온 먹이에게만 공평합니다
똑같은 모양과 크기로 부수어 밥그릇을 채우니까요
꼬리표는 가끔 사건번호가 없던 것으로 세탁되기도 하죠

나이테도 이름표도 차별하지 않습니다
어차피 눈 뜨지 못할 테니까

부적

*물에 빠진 아이를 건져놓고 할머니와 엄마는
굿당에서 진땀 흘리며 기도한다
손바닥이 닳도록 아들의 무사無事를 비는 동안
응급실에 혼자 남겨진 아이는
온몸을 떨며 울고 있다*

수능 시험 날
옆 자리 수험생 엄마가 출근하지 않았다
교회에서 기도한다는 문자만 왔다
골목 깊은 교회에 수능백일기도
산 아래 절 입구에 수능백일기도 현수막이 걸렸다

네가 지옥을 건너는 동안 너를 위해 나는 (편히 앉아) 손에 땀 나도록 기도할게 널 지옥으로 몰아넣는 건 다 너를 위해서야 모든 걸 바쳤으니 이제 네가 날 천국으로 보내줄 차례

앞에 앉은 것이 불상이든 십자가든 용왕동자든 영험하기만 바라는 손바닥들
달아오른 열꽃도 썩어버린 위장도 두 손만 모으면 사라질 거라 주문을 외운다

발 닿는 곳마다 떨어진 기도가 빼곡하다

야식동물

동네 슈퍼에 앉아 홀짝이며 밤을 먹는다
쌀알 같은 불빛을 제 몸에 새기는 어둠
오늘은 맛이 짜다

전투를 끝낸 사람들이 구석마다 틀어 앉아 야금야금 어둠을 씹는다
밤을 사랑한다, 고개 숙여, 낮보다 간절하게
낮 동안 모아놓은 발화점으로 불똥이 배달된다
주문한 사람 없어도 찾아가고 어디서든 깨끗이 비워진다
폭발 직전까지 달아오른 얼굴
부어오른 눈두덩을 빈 잔에 채우며
숨 돌리지 않고 밤을 삼킨다

덫에 걸린 짐승처럼 웅크리고
담벼락에 머리 들이밀어도 빠져나갈 단서가 없다
헝클어진 사람들이 막차를 놓치고 두리번거릴 때

시작하지 않은 하루를 돌려보며
베개를 쥐어짜는 소리가 밤을 키운다
끊어질 듯 숨을 할딱이는 불빛

길 고양이가 피 묻은 상처를 핥듯
소름 돋은 가슴을 쓸어내리며
한 모금씩 어둠을 마신다

인어공주

걸을 때마다 물소리가 난다
발가락마다 빛나는 조개껍데기
뭍으로 나와도 바다는 끊어지지 않는다
발뒤꿈치가 가난한 시간처럼 갈라져도
눈동자에는 파도가 출렁인다

이른 새벽부터 시큼한 시멘트 바닥을 닦고
무덤 같이 쌓인 생선을 다듬는 손
소금에 절인 향기가 난다
욕설과 주먹이
잘려나간 머리카락처럼 넘실대다
썰물을 따라 바다를 건넌다

다리와 바꾼 목소리는
깃털처럼 펄럭이다 막을 내린다
비늘 달린 꼬리가 떨어져나가며
반짝이던 눈물도 말라버렸다

마지막 숨을 바다에 보내려 떠날 준비를 한다
솔질로도 지워지지 않는 땅의 기억

손끝마다 박힌 가시로
녹슨 맨발을 파묻고
검푸른 바닥으로 내려앉는다

하이테크빌딩 복도에서

 상자 속 사람들은 창문 열 줄 모른다 잿빛 커텐은 태어나면서 창을 가리고 있다 상자 속에서 언어는 말이 되지 못한다 고개를 돌리면 낯선 얼굴과 마주치기에 글자만 노려본다 우연히 눈길이 부딪치면 벌레가 떨어진 듯 소스라친다 입술 사이로 새어나온 한숨이 천장에 달라붙고 막힌 숨구멍 사이로 혼잣말이 성에가 되어 쌓인다 다가가면 이내 눈썹사이 주름이 깊어진다 시선이 머물다 돌아선 자리 서리가 내린다
 바람 빛깔을 바꾸려 창을 여니 푸른 옷의 여인이 창을 닫는다 말없이 나를 지나 자리에 앉는 유령, 빈칸과 빈칸 사이를 헤엄칠 뿐
 표정 없이 던지는 냉기를 받아 나도 서서히 얼어붙는다 비상구 자물쇠에 녹이 달라붙어 움직이지 않는다 문 앞은 곰팡이 냄새로 가득하다 상자 속에서 시작된 냉기가 복도를 얼리고 얼어붙은 상자들이 쌓여 세상이 모두 얼음기둥이다

성냥팔이 모녀의 새벽 커피

엄마는 나와 새벽미사 가는 걸 좋아했다
졸린 눈 비비며 어기적 따라나서면
겨울바람은 볼멘 옹알거림을 꽁꽁 얼렸다
입김으로 손을 비비다 보면 자판기 앞
두 잔을 허락할 만큼 지갑이 두껍지 않은 우리는
한 잔을 번갈아 들고 걸었다
손바닥에 닿자마자 정수리까지 퍼지는 온기
성냥팔이 소녀의 난로가 이랬을 거야
까만 하늘에 뚫린 오리온자리를 보며 웃었다

촛불 켜는 날이면 소원을 나누었다
연탄 가득한 창고, 덧대지 않은 양말, 라면 한 봉지
좁은 방에 소원이 넘쳐 꿈속에서 웃는 일이 많았다
크리스마스트리보다 아름다운 걸 가졌어
날망에서 보는 도시는 반짝이로 가득 하잖아

*

하얀 복도에 앉아 엄마가 깨어나길 기다리는 동안
손바닥 사이 종이컵은
여전히 따뜻하다

종이 문패

집을 가져 본 적 없지만 십이 년째 문패가 달려있어
소리도 색깔도 진동도 없이 달력이 흐르고
하얀 방은 갈수록 단단해지지
늘어진 침대에서 텔레비전만 보고 있어
소금간이 빠진 음식처럼
손발이 낡은 인형처럼
찢어진 종이로 쌓은 집처럼

외투를 뒤집으면 보푸라기는 보이지 않듯 모르니까 웃을 수 있어
투명한 액체가 바늘을 타고 스미는 동안
난 청구서의 숫자를 지우려 줄 서곤 해

그녀의 시간은 텔레비전에서만 살아
채널이 바뀌면 콧잔등을 구기며 흐느끼지
기울어진 중얼거림에 속없는 대꾸

창가의 화분이 자리 옮기고
맞은편 침대에 다른 주인이 찾아와도
부적이 되어 문을 지키는
어머니의 문패

규화목

사무실 구석에서 졸고 있는 김씨, 십 년째 과장 팻말을 앞에 두고 출근을 앞당기라는 문자에도 청소하라는 지시에도 속을 보이지 않는다

구부정한 어깨로 매뉴얼만 들여다본다
모서리 닳은 매뉴얼이 충혈된 돋보기와 마주하는 아침
보여줄 것 없어 말 더듬는 버릇이 생기고
부스스한 머리카락은 십 년째 가라앉지 않는다

오늘은 어디서 지뢰가 터질지
불을 켜도 새벽 발밑이 어둡다

술잔을 따라 빈속에 옹이가 돋는다
흐르는 대로 따르다 보니 여기
돌아갈 집을 지키려면 빨간 불에도 횡단보도를 뛰어야 한다

쉬지 않고 발을 흐물거려도 먼 길
가는 숨으로 버티느라 기도가 길어지고
비우지 못한 말이 주머니에 달라붙는다

갈라테이아*의 소원

내게 물어본 적 있어?
그들의 거래에 나도 패가 있었다면
잔혹한 동화는 태어나지 않았어

숨은 악몽
어둠 속에서 튀어나온 억센 손이
대리석 피부에 붉은 줄을 긋지
그가 바라는 건
투박한 손을 거부하지 않는 곡선
입술 사이 독침에도 대꾸하지 않는 미소

통점痛點을 갖기 전에는 파도가 치지 않았어
배고픔을 잊으려 어제를 삼키고 하루를 배설하지
맨 발로 흙을 밟고 싶어도 문이 잠겨있고
강을 건너고 싶어도 그의 이마부터 살펴

내게도 패를 줘
바위의 무게로 그의 손을 부수고
시간을 건너뛰어 배경으로 돌아갈 테니
별과 함께 생겨나 비바람에 깎이던
이끼 가득한 첫 모습으로

* 갈라테이아 : 피그말리온이 만든 조각상.

기념식수

갈림길에는 바람이 산다
앞뒤 잘려나간 돌판과
흥정도 없이 뽑혀 온 나무 한 그루가 바람을 읽는다

속임수와 배신이 교차하며 낳은 문장
게임의 규칙을 바꾸는 사람은 게임 바깥에 있고
펜을 휘두르는 사람은 혀를 잠근다

어느 불꽃에서 점화되는지 알 수 없다
소문이 어디부터 둔갑할지
표지석의 숫자가 희미해지며 석탄이 되는 열매
글자에서 과거를 캐면
구석구석 새로 칠해진 빈 상자가 잡힌다

흔들리던 이정표도 내려앉고
솟아오른 발가락이 뿌리째 뒤엉킨 사연을 지워도
이름의 주인은 다시 오지 않는다

바다를 옮기는 사람

버스가 덜컹일 때마다 가방이 꿈틀거린다

거뭇한 얼굴에 물결무늬 깊이 새긴
사내는 커다란 가방을 달래며 창밖만 바라본다
종점에 가까운 버스는 배 떠난 항구
손잡이가 미역줄기처럼 흐느적거린다
버스가 흔들리면 가방도 출렁이고
팔뚝에 새겨진 깃발도 나풀거린다

소금물 냄새에 눈이 따갑다
사내의 손가락 마디에서 태어나는 비린내
바다를 건지던 그물자국마다 물고기가 떠다니고
유리창에 비친 눈동자가 안개 속 등대처럼 희미하다

버스가 멈추고 사내가 일어선다
너울거리는 가방에 파도소리 가득해
바닷물이 쏟아질까 눈을 떼지 못한다

사내가 바다를 옮길 때마다 다른 바다가 생겨난다

희망봉

내 안에 큰 바다가 출렁인다
비좁은 방에서 살 부딪치며 살아도
태풍이 지나가고 하늘이 열릴 것을 안다
구멍 난 지붕 위로 비가 스치면
검은곰팡이가 즐거운 듯 솜털 이불을 만들고
우리는 물 한 바가지를 나눠 마시며
콩깍지가 열린 다음을 속삭인다
가진 거라곤 갈아입을 옷 한 벌
연두에서 흙빛으로 바뀌는 동안
안내자 없이 길을 나서는 초보 항해사
파도에 휩쓸리고 찢기며 별자리 읽는 법을 깨닫고
우뚝 솟은 봉우리를 만난다
내 안에 넓은 땅이 숨 쉬고 있다
파릇한 어린잎이
여름 한낮 소나기를 맞으며
짙푸른 잎사귀로 땅을 덮는 것처럼
진흙탕을 구르다 썩어 없어진대도
비둘기에 먹혀 사라진대도
내게서 또 다른 나로
숨이 멈추지 않을 것을 안다

3부

언젠가라는 시간은 오지 않고

암호명 얼룩고양이

길 잃은 순간을 알고 있니
이름을 들어본 적 없을 거야
네가 알지 못하는 별에서 왔으니
암호명으로 대화를 시작하지
다른 말이 필요 있나
사람의 말을 배우며 별의 언어를 잊었는 걸

사람과 똑같은 모습으로 살아가지
겉모습만 봐선 눈치 못 채도록 은밀하게
너와의 경계가 사라지고
누가 누군지 알아낼 수 없게
가끔은 내가 네게서 시작했던가 착각하는데

사람이 아닌 걸 어떻게 알았을까
내게 스미는 숨이 굳어 있어서
나사가 사라진 듯 뼈와 뼈 사이가 멀어지고
머릿속은 누군가 살다 떠난 빈방이라서
떠나온 곳이 어딘지 기억조차 없으니
투명한 주소를 밟고 온 걸까

\> 　새로운 이름을 만나고 싶어

　나와 같은 별에서 온 또 다른 나를

　매일 같은 시각에 텔레파시를 보내

　여기는 얼룩고양이

　여기는 얼룩고양이

　여기는 ……

실향민

산꼭대기로 향했다
비가 부슬부슬 내려
땀인지 비인지 혹은 내가 물풍선인지
알아보기 어려울 때쯤
하얗게 빛나는 조개껍데기와 만났다

바다에서 태어나 자랐으면서
어쩌다 산에서 길 잃었는지
반쪽이 되어 떠도는 사연이 있다
짝을 잃고 산길 헤매는 모양이라니
돌아갈 곳 없는 발걸음에 실어
계곡물 바닥에 던져주었다
이제 마지막 인사는 떠올리지 않으리라

그는 고향으로 가고 있을까
사라진 한쪽을 품을 수 있을까
미끄러운 길을 내려오는 내내 비가 그치지 않았다

배웅

석양이 머무는 흔들의자가 삐걱거린다
저무는 노을이 아쉬워 지치도록 보고 싶구나

낡은 의자를 마당에 놓아주자
생채기 난 다리를 끄덕이며
울타리 너머로 걸어간다

한 걸음 떼고 나면 한 걸음만큼 몰아쉬며
붉게 물든 배롱나무 길을 따라 간다

모퉁이 돌아 그림자를 잃어버릴 때까지
돌아보지 않는다

나는 금이 간 등받이를 잡아주지 못하고
노을이 남았으니 조금 더 머물라고 말하지 못한다
발자국 옆에 떨어진 나사를 주워들고
처음부터 허공인 듯 바라본다

새로 나온 별이 푸른 지붕을 덮는다

마리오네트

실의 반대쪽이 어디로 향하는지
보이지 않는다
다만 너를 찾게 하고 바라보게 하고
네게로 걸음 옮기게 한다

너와 스쳤던 실 끝이 갈비뼈 사이로 파고든다
살갗에선 달콤하게 스며들다
심장에 다가갈수록 통증이 심해진다
붉은 실은 바늘을 단 채 이리저리 달리며
뼈마디마다 단단한 매듭이 된다

보이지 않는 통로로 네가 스며든다
끊어버리고 싶지만 손가락 한 마디조차 내 것이 아닌 걸

실이 당겨진다
다시 너를 찾아 헤맨다

나는 실 끝에 매달린 채
속을 파내며 허물이 되어간다

널 죽이고 싶어

내 심장은 통조림 속 육수처럼 찰랑거려요
말랑해져야 했죠

당신을 위해 선물용 심장을 준비했어요
두 쌍의 심장은 번갈아 세뇌당한 단어만 뱉어내요
병에 가두어도 감추지 못할 헛소리
죄송해요, 고마워요
숙성된 거짓말이 식감 좋은 인사가 되죠

하고 싶은 말은 혀 뒤로 삼키고
코미디 보는 마음으로 변두리를 지켜요
더 잃을 것도 없는데 뭐가 문제겠어요

눈 맞춰도 꺼낼 말 없으니
주문받은 눈웃음과 콧소리나 준비할까요

액자 속 풍뎅이

붓끝을 따라 유리벽 안에 살게 되었다
여섯 개의 발은 물감 잎사귀에 붙어 있다
갑작스레 태어나 이름도 알지 못한다
초록 잎사귀는 가을을 모르니
따뜻한 겨울도 보지 못할 것이다

나는 너를 품고 너는 너의 상상을 그린다
선에서 색을 입고
좁은 현관에서 널 기다린다
시계바늘은 가끔 잠들기도 한다

흙 묻은 신발을 치우는 네가 보이지만
더듬이를 내밀 수 없다
너를 위해 귀만 남기고 입은 지워버렸다

시야의 가장자리, 항상 너를 두고 고개 돌린다
네 손에 태어났는데 늘 목이 마르다
날 지워준다면
그래도 좋을 것 같다

제 멋대로 흐르는 시간

이년아, 치우기 힘든 건 왜 만든겨

곰팡이 가득한 일기도 미련이 남는지
성냥 한 갑에도 불이 붙지 않는다
불씨와 씨름하는 모습에 어머니가 혀를 찬다

타버린 일기처럼 기억도 재가 될 수 있을까
종이에 글자를 입히며 열일곱이었다 다섯 살이 되고
조금도 자라지 않은 채 마흔을 넘긴다

주름이 늘어나면 어른이 될 거라 믿었나
손끝으로 서랍 속 끊어진 시간을 헤맨다
떠날 준비를 하는 추억들
사라질 줄 알았다면 물고기 먹이로 던져줄 걸

당신이 나를 택했을까
내가 당신을 택했을까
대답 대신 어머니가 눈을 흘긴다

미친년 니가 배가 부른겨

목요일 오후의 대청소

장례식 끝나고 마음에 방이 하나 생깁니다
흐트러진 머리카락처럼 튀어나오는 방
먼지를 쫓으며 하루가 갑니다

언젠가 쓸 날 있겠지
포장도 뜯지 않고 다락에 올려놓은 그릇들이
잃어버린 시간을 토해내고
솔기 사이로 아버지의 벽돌이 새나갑니다
가난에는 이자가 복리로 붙습니다

애써 비운 것들이 마음의 방으로 옮겨갑니다
방에는 또 방이 있고
거기 들어간 나는 나오지 못합니다

새 주인을 기다리는 집은 빗물을 머리에 두르고 숨을 멈춥니다

언젠가라는 시간은 오지 않고
머릿속에 생겨나는 수많은 방도
하나씩 지워지는 날이 옵니다

현기증

장마철이라는데 비가 오지 않는다

아침인사 대신 이자를 독촉하는 문자가 오고

헛기침하며 지나간 애인은 전화도 없다

아무도 그립지 않아라고 다짐해 본다

심각한 비유도 애매한 은유도 없이 오늘은 담백하다

주인집 여자의 독설을 타고 밤이 스며든다

눈에서 폭죽이 터져도 갈증은 여전하다

씻어도 씻어도 남아있는 젖비린내

시끄러운 꿈이 몸 밖으로 나와 제멋대로 나를 휘젓는다

하트의 귀향

태어나 처음으로 뽀뽀를 날리는
꼬마의 입술에서 나는 태어났어

맘마 빠이 흔드는 뽀얀 손가락에서
여인의 머리카락으로 옮겨 붙었지
바람 타고 살랑거리다 버스 손잡이에 대롱대니
우악스런 남자가 낚아채지 뭐야

덩치 큰 남자는 벌건 코를 흥흥거리며
작은 토끼 인형을 들고 있었고
난 인형의 분홍 리본으로 옮겨 탔어
한동안 여섯 식구가 두런대는 방 한편에서 살았지

물방울보다 가벼운 난 가고 싶을 때 가고 머물고 싶은 곳에 머물러
도둑고양이에 매달려 뒷골목을 헤매거나
가로등 꼭대기에서 사라지는 별을 보기도 해

알고 있어
태어난 곳으로 돌아가는 길이라는 걸

돌고 돌고 돌고 돌고
생명의 고리를 따라 지구를 열다섯 바퀴 떠돈 다음
맨 처음 뽀뽀로 나를 낳아준
주름진 입술로 돌아가는 중이야

갯벌

부러진 가지에서 꽃이 피기까지
두 번의 공전이 걸렸는데
질 때는 보름에서 그믐으로
손가락으로 셀 수 있어

오래 걸린 답장은 물길이 바뀐 걸 알리지
바닥이 드러나도록 빠르게 새나가는 너의 맥박
늘 쓰던 단어가 사라진 건
사리에서 조금으로 기울어짐을 말해주지

살과 뼈 위로 파도가 쌓이고
발가락 사이로 진흙을 낳는 벌판
지친 허파는 구멍 속에서 월식을 기다리고
폭풍을 삼키며 지느러미를 녹이는 너의 체온

바다가 몸을 뒤집고
눈동자가 밀려와도
너는 없고
빈 물결만 넘실대겠지

날파리증

저녁 숲이 얇게 저민 노을을 흘려보낸다
경계 없는 꿈이 저녁의 임종을 지켜보는 동안

스무 고개 끝나기 전에 당신을 맞추어야 한다
눈 감아도 보이고 초점을 바꾸어도 따라오지만
만질 수 없는 당신

나는 답을 찾지 못했다
너무 많은 내가 매달려 있어서
우리가 있던 자리는 여전히 탐욕을 사랑해서

할 수 있는 건 당신을 외면하는 것

사납게 얼어붙은 밤
고단한 실오라기를 걸치면
나는 더 이상 먼지가 아니다

당신이 내 젖은 눈동자에서 외출하면
서성이던 새벽이 절름거리며 다가와
내 손에 이슬을 얹는다

말풍선의 이동경로

지붕 너머로 빈 말풍선이 떠돌아다녀요
지켜지지 않은 약속이 주인 찾아 헤매다
뱃속에서 사그라진 아이처럼 울어요

아무도 모르게 버려진
귓속말이 검은 봉투 속으로 흘러오네요
입이 없어도 표정이 꿈틀거리죠

비닐봉투 속은 메아리로 가득해요
그가 뱉었던 속삭임
덧칠된 온기
길 잃은 말은 퉁퉁 부은 눈으로 나를 보더니 다시 눈뜨지 않아요

머리카락을 뽑아 날개를 만들어요
이마에 달아주자
입 대신 펄럭임으로 수수께끼를 토해내요
거리는 답 없는 괄호로 가득하죠

달빛을 삼켜도 어두운 별이 되는 말풍선들
그 밤 내내 머리카락은 깃털이 되고
봉투도 비워졌어요

운석

지구로 떨어질 때 타다 남은 조각으로 사람을 입고

무대 아래 숨죽이고 신호를 기다린다 지루한 인사말에 졸다 깨어나도 신호에 맞춰 박수 치면 오늘 먹을 밥값은 구할 수 있다

결혼반지를 팔고 애써 모은 장서도 내놓으며 나는 겨울이 끝나지 않을 걸 알았다 돈 되는 건 모두 꺼내고 텅 빈 벽장을 마주한다
균형은 도피도 전투도 아닌 중턱 고랑에서 몸을 사린다

무대 아래와 무대 위의 거리
뛰어넘을 수 없는 경계는 바닥까지 이어진 균열을 만들고

새벽마다 별빛 사이로 쏟아내는 기도
보이는 것도 보지 않으며 출구 없는 궤도를 따라간다

당신은 어떻게 사람이 되었는지 궁금하다

장승

그날
당신이 내게 왔다면
나는 죽지 않았다

내가 누구인지 기억한다 하여도
숨이 멎는 순간이 오고야 만다
당신이 날 안다 하여도
언젠가 사라질 목숨이었다

갈라진 틈으로 체액이 빠져나간다
눈물이 마르니 염증도 가라앉고
심장이 멈춘 곳에서
휘파람 소리가 난다

세상에 없던 주문呪文을 조각하며
사라진 팔로 이슬을 받는다
눈 감고 귀 막고 입을 가리고
태어나지 않은 것처럼
내가 없는 것처럼

\>
　당신이 오기로 한 길 끝에서
　잉태되지 않은 신호를 기다린다

살마키스*

나른한 반죽이 되어 소원을 말해요
그와 한 몸이 되고 싶어
그의 숨이 되고 싶어

문 뒤에 숨어 삐걱이는 시간을 세요
입 맞추는 상상으로 손가락이 떨리죠
자갈밭을 지나는 발소리가 그의 것인가요
웅성대는 소음 속에서 그를 찾아요
흔적을 따라가다 잠들고
깨어나면 다시 잠들지 못하죠

그의 반은 나의 것이에요
한쪽 눈과 반쪽의 심장을 가지고
숨 쉴 때마다 들썩이는 횡격막을 지나
번식하는 세포들, 분열을 일으킬 때마다 나의 것
그가 가는 곳에 가고 그의 눈으로 세상을 봐요
말하지 않아도 알고 매달리지 않아도 녹아있어요

그와 뒹굴고 싶다는 소망 따위 잘라버리죠
돌아서면 사라질까 찾아 헤매지 않아요

버림받지 않아요

영원히 떨어지지 않을 테니까

* 헤르마프로디토스를 사랑한 요정.

블랙홀의 미스터리

감마선이 폭발했다죠 초신성은 블랙홀로 이름을 바꿔요 중저음 바리톤 주파와 소프라노 섬광의 합창 들어본 적 있나요

궤도가 어긋나면 충돌이 일어나죠 두 개의 불덩이가 사방으로 퍼져나가요 광속으로 날아가는 파편들, 뜨겁던 눈빛이 식는 시간
그대가 채워준 하모니에서 소리를 거두어가는 속도와 같군요

내게 오던 빛마저 삼켜버려요 온기도, 좌표도, 시간도 빨아들이고 검은 숨만 내뱉죠 그대가 별이었을 때 들려준 노래는 날아가고

조각난 소행성은 진공에 흡수되고 있어요 내 이름도 바꿔야죠 구멍이 생기면 촉촉한 이름은 가질 수 없다네요

조심하세요
여기 어딘가 그것이 살아움직여요
이제 당신에게 가는 빛도 삼켜버릴 거예요

동백숲

바다로 떠난 넋이 꽃으로 온다기에
바람을 앞질러 마중 나갔지만
너는 오려면 멀었고 너를 찾을 길도 없다

엇갈린 길 끝에 네가 있다
울타리를 서성이다 애태우며 돌아설 때
눈썹 아래 바다가 일렁이곤 했다

너무 이르거나 너무 늦어서
우리는 세 걸음씩 비껴가나 보다

안개가 올라온다
차가운 손을 놓칠 때마다 가늘어지는 수평선
보고 싶다 외치는 소리는 파도가 삼켜버린다

세상을 기웃거리다 가는 길
한 번의 마주침이면 충분하다

함께 했던 기억으로 겨울을 견디고 손끝을 데운다
너를 기다리며 나는 소리 없이 붉어지고
적막한 그늘이 노랗게 솟아난다

얼룩무늬 사과

검푸른 멍이 얼굴에 살고 있다
사나운 바람이 지나간 흔적
거울을 보지 않아도 알 수 있다
검은 샘을 파내려는 사람들의 칼날

비 오는 날에는 천둥이 따라온다
무르익은 술 냄새와 구부러진 혓소리가 가지를 때리면 투둑투둑 숨줄 끊기는 소리

속부터 썩기 시작해 껍질까지 번진
얼룩을 보고 나서야 거친 숨을 멈춘다

바람에서 태어난 상처는
비를 삼키고 이슬에 물들며 내가 되었다
나무는 달아오른 열매만 돌처럼 쥐고 있다

책상 밑에서 술 취한 발소리가 잠들기를 기다리는 밤
도망칠 수 없는 이번 생의 가을

소원이라면
무덤에는 깨끗한 얼굴로 가는 것

4부

아직 태어나지 않은 네가 되고 있어

그루잠

강아지 한 마리 낮잠에 들었다
오월 햇볕에 배 드러내고 입맛 다시다
번쩍 눈 뜨더니
목을 늘어뜨리고 이내 잠든다

긴 잠에서 긴 잠으로 놀란 눈으로 두리번거리다
내가 누구인지 모르고 다시 잠드는
눈부신 찰나의 생生

전생과 내생이 겹치는 순간
그 혼돈을 틈타 내가 있다

살아있음을 증명할 겨를 없이
증발되는 사람들
기억 못할 배경과 사건

슬픔은 잠깐이고 흔적이 없다

夢鏡

욕실 거울은 글자를 입고 있다

나는 달콤하다
나는 달콤하다

빨간 립스틱으로 그려진 독백
정성스레 비누칠하며 콧노래로 중얼거린다
딱딱한 비누에서 거품을 내려면
주문도 길어진다
구석에는 곰팡이가 피고
두 번 다시 나오지 않을 소품도 쌓인다

공작새처럼 치렁거리며 나가는 날이면
어김없이 비틀거리며 돌아온다
수없이 깃털을 떼었다 붙여도
찾아야 할 것을 갖지 못하고
립스틱은 소각장으로 옮겨진다

욕실은 비워지고
거울도 글자를 잃는다

모의법정

증거가 필요했습니다
나는 살아있습니까
주소가 사라진 곳으로 편지를 보냈습니다
회색 전등과 피고인 사이를 지나
종이 뗏목을 타고 사막을 건너는 일

증인 있습니까
신호등 옆에 나란히 서있던 남자도
광장 분수대에 앉아 같이 울던 여자도
나를 모른다고 합니다
침묵의 미덕을 아는 그림자만이 증인입니다

머리는 귀에 붙어 떠다닐 뿐입니다
더듬거리는 소리는 귓바퀴에 걸려 던져집니다
변호인 변호하세요
가짜 알리바이는 신호를 아는 사람에게만 열리고
구석으로 밀려난 벽지가 나를 믿는 유일한 배심원입니다

편지는 뭉개졌습니다
더 이상 물증을 찾을 수 없습니다

다시 한 번 묻겠습니다
정말 나는 살아있습니까

방아쇠를 당기는 아침

아침 여섯시
낯익은 탄환이 장전된다
어제와 같은 과녁을 향해 총구가 세워지고
용수철 따라 화약을 토하는 눈알
침대 아래 구겨진 그림자가
발바닥까지 기어 나오면
비로소 사람처럼 일어선다

머리에 방아쇠를 당기는 상상
밑바닥에 깔린 온기를 긁어모아
이를 악물고
이제 내게 복수해야 할 시간
태어난 죄를 묻고
너의 거짓말을 믿은 죄를 심판하려고

신호가 울리면
숨을 깊이 마시고
어깨를 단정히 하고
아침마다 방아쇠를 당긴다

잡어의 이름값

내게도 이름이 있다
돌아누울 틈 없는 바위틈 쪽방에도
겨울로 채워진 지하 계단 밑에도
당신이 값을 매길 수 없는 부피가 있다
붉은 손톱이 쇼핑몰을 휘저으며 카드를 긁는 동안
구두 끝에서 태어난 바람은 태풍이 되어 바다를 삼킨다
그물을 피해 몸부림치며
폭풍 속에서 폭풍으로 남기 위해 헐떡인다
심장이 뛰고
피가 흐르고
당신처럼 숨 쉬고 당신처럼 꿈틀거리는데
당신은 내 이름을 모른다
질편한 바닥에 내동댕이쳐지고
실종자 명단에 올라 장화에 차일 때
쓸모없다며 당신이 혀를 차는 동안에도
내 아가미는 살아남으려 발버둥 친다
잡어라고 투덜대며 점심으로 때울 때
당신의 한 끼 생명을 연장해준 내 몸뚱이가 있다

종합시험

  답안지를 받아들고 오늘 받은 찹쌀떡을 생각한다 하필이면 떡이라니 두 달 넘게 냉동실에서 고행하다 버려질 텐데

  포스트모더니즘이란
  일요일에 김치 담글 재료는 준비했는지 셈해본다 인터넷에서 찾은 레시피에 도전이다 '적당히'는 얼마가 적당한지 해체가 필요하다 글자와 글자 사이 알맞게 양념을 채운다
  초현실주의가 미치는 영향
  새벽꿈에 사로잡힌다 무의식은 욕구불만을 호소한다 벌거벗은 사내들이 살 오른 애벌레에 둘러싸여 춤추는 꿈, 이왕이면 힘세고 오래 가는 배터리가 좋다 입 꼬리가 올라간다
  문학의 위기와 전망
  이번에도 승급자 명단에 나는 없었다 올라갈 때 있던 이름이 내려올 때 바뀌었다 지금쯤 숨겨진 이야기가 술잔 위에서 옷을 벗고 있을 거다 여기는 숨소리도 들리지 않는다

  머릿속은 텅 비어 단서가 사라졌다 벚꽃이 한창인데 언제 떠나야할지 허공에 달력을 그린다 답안지 위로 우수수 꽃잎이 쌓인다

날개의 가치

거슬러 가야 만날 수 있다 언제부터 하늘을 염탐했는지 오랜 세월 물결을 오르던 꼬리 진화하는 수천 개의 알 해초밀림에서 살아남은 새끼는 부레에 전설을 새긴다
　헤엄쳐라 전속력으로

가진 걸 다 걸어 경계를 넘는다 빛나는 문장과 타협하려면 협상 테이블까지 올라야 한다 작살로 내리꽂는 조명에 살이 타고 비늘이 갈라져도 뒷골목에 버려진 출생신고는 잊어야 한다 벽장에서 나와
　지느러미를 펼쳐라

날개 따위는 없다 가진 건 무대에 오르고 싶은 열망 뿐 내 것이 아닌 것을 내 것처럼 쓰기 위해 알을 깨는 순간부터 지느러미를 파닥인다
　온몸이 갈증으로 달아오른다 계산하거나 걱정하지 않는다 배와 등을 부풀려 모든 페이지를 끌어내
　날아오른다

친절한 불면증

새벽 두 시
편두통이 시계 바늘을 흔들어요

벽과 기둥은 소리를 모았다가 밤에 다시 꺼내죠
처음엔 바람소리부터
물 따르는 소리
신발 끄는 소리
문 흔드는 소리
귓바퀴 근처까지 다가와 이름을 불러요

숨겨놓은 기억을 파내며 웅얼거려요
잊으려고 애쓰는 순간만 꺼내는 재주가 놀라워요
아직 보내지 못한 사람의 목소리로
어제를 말했다가
십년 전 대화를 속삭이죠

내 이름을 들을 수 있는 시간은 지금뿐
다정한 가위눌림이 찾아오면 날 먹어다오 부탁하죠
손발이 끊어질까 걱정되는지
단단히 잡아주는 세심한 배려

안길 수 있는 가슴은 그곳뿐이에요

새벽 네 시
소리를 배웅하며 다시 기억을 잃어요

거품대륙

입욕제는 빅뱅의 씨앗
욕조에 쏟아지는 순간 부풀어 오르는 비눗방울
뜨거운 시장에 던져진 폭발성 미끼
대기의 흐름을 타고 거품이 몰려온다
혼돈의 우주에서 생겨난 눈먼 대륙
사람들이 개미떼처럼 몰려다니며 소문을 삼킨다
땅을 사고, 금을 사고, 주식을 사고
그래프 위에서 춤 추며 태풍이 된다
흘러가고, 부딪치고, 가라앉고
거대한 산맥은 서너 차례 숨 쉬다
섬이 되어 사라진다

물이 식는다
방울과 방울 사이 기생하던 생명체의 종말
백억 년의 수명이 시간 이전으로 돌아가고
사라진 대륙의 다큐멘터리가 끝난다
흔들림 없이 잔잔하다

완전한 고요 속에서
종일 발길에 채인

내 안의 우주가 오그라든다
두 번째 빅뱅이 온다

물방울무늬의 방문

1

막내 이모 장례식장에서
물방울무늬 우산을 잃어버렸다

구름이 바다를 삼킨 듯 종일 비가 내린 날
본 적 없는 사람들이 먼 친척이라며 웅성댔다
어린 자식을 두고 떠난 이야기로
한숨과 눈물이 한 꺼풀 벗겨지면
보험금이라거나 보상금 같은 단어가
술잔에 담기며 눈물을 말렸다

나는 빈소 구석에서 반 이상 틀린 수학문제를 복습하는 척 했다
홍어무침인지 수육인지 음식타박에
입을 삐죽대며 접시를 나르면서도
꼭 돌려주겠다며 우산을 갖고 사라진
검은 실루엣만 떠올렸다

2

잃어버린 우산 대신 구부러진 우산만 남아
장대비가 폭죽을 터뜨리면
한 방울씩 빗물이 새어든다
바다를 따라 구름을 건너간 사람들이
휘청거리는 구멍으로 찾아와 이마에 맺히면

나는 단단한 빗물이 되어
사라진 무늬를 찾아 떠난다

지수리 여울

장마 끝 다리 위에서 숨을 고른다

물살을 거슬러 튀어 오른 피라미들이
뒤집힌 우산 속으로 떨어진다

속임수를 피해 뛰어오르면
   나를 기다리는 또 다른 누명
     거침없이 솟아나는 거짓말에
      젖은 바위도 숨을 몰아쉰다

소리에 홀리지 않으려 발끝에 힘을 준다

내가 버린 뒷모습이 웅크리고 떠내려 오다
       눈물샘을
    쉰 목소리를
   갈라진 발꿈치를
  한 입에 뱉어놓는다

굳은 심장
저물어가는 혈관을 지나

반쯤 잠든 기억을 벗기 위해
폭발하는 여울

뒤집히고 거꾸로 서며
썩은 응어리를 쏟아낸다

배경이 되다

바닥이 나를 노리고 있다. 월세를 독촉하는 주인처럼 뒤집힐 때를 기다려 순간에 잡아당긴다. 사냥의 감각은 그물 한 올에 떨어져나간다. 뒷거래로 만들어진 엉성한 그물. 미끼를 삼키면 벗어날 수 없다

칭찬에 길들여진 꼬리는 덫이 되어 책상에 붙어있다. 피 토하면서도 중독된 줄 모르고. 나도 날 본 적 없다. 우리는 같은 바닥에 사는데 한 번도 만난 적 없다. 구멍 난 달이 손가락 사이에 머물면 나는 벌레에서 태엽으로 자리를 바꾼다.

서로 다른 시선 서로 다른 단어. 먹기 좋은 것만 골라 담는다.

구겨진 종이가 과녁을 만들며 날아간다. 문장이 되지 못하는 단어들, 쏟아지는 자음의 굴레에서 길을 잃는다. 아웃된 자만이 얻을 수 있는 자유.

계단 끝에서 더 높은 난간으로 바닥이 따라오고 다른 열매를 살찌우려 영글기 전에 잘려나간다. 나를 뽑아버린 손이 당신인 걸 알지만 뿌리째 뽑히고 나서도 입을 닫는다.

바늘과 이빨 사이 눈 뜨고 밤을 보낸다. 어제와 똑같다. 찢어진 신발, 찌그러진 냄비, 곰팡이 핀 벽지.

바닥이 천장으로 자리를 바꾼다.

추락과 추락의 무한반복.

비무장지대

머리 위로 쏟아지던 포탄이 잠시 멈추었다
유난히 햇살이 좋다
사월의 공원은 벚꽃 흐드러지고 햇볕 따사로워
나는 주먹밥을 들고 공원으로 나온다

나들이 나온 아이가 뒤뚱거리다 넘어져도
젊은 엄마는 흐뭇한 얼굴이다
밤새 전투가 벌어진 흔적은 보이지 않는다
탄피도 화약 냄새도 자취를 감추었다
어젯밤 숙취로 아침을 굶은 사람도
오늘밤 잘 곳 찾아 두리번거리는 사람도 없다
나는 시간이 멈추길 바라며 길게 숨을 들이마신다

한 걸음 밖에선 폭풍이 기다리는데
진정제를 투여할 주사바늘은 보이지 않고
찢어진 포스터가 리본처럼 휘날리는
공원은 세상일에 관심 없다

휴전이 끝나는 시각
뉴스가 치밀하게 살인을 강습하고

붉은 때 낀 형광등이 교란작전을 펼치는
오후의 작전에 참가하기 위해
나는 다시 포화 속으로 들어간다

지붕에서 보는 별은 젖어 있다

미닫이 유리문은 기하학 무늬를 즐겨 입었다 청테이프로 칠해진 아라베스크. 비틀거리며 돌아온 아버지가 핏물 엉겨 붙은 모자이크를 만들곤 했다 취한 발소리가 들리면 나는 도둑고양이처럼 책상 밑으로 숨어들었다 따뜻한 이불 속으로 가려면 건넌방이 조용해지길 기다려야 했다

안방에선 할머니가 가래 섞인 기침과 약봉지 나누는 소리로 리듬을 만들었다 떨리는 손끝이 바스락대며 추임새를 넣는 동안 천장은 담뱃진으로 치장하고 벽지는 묵은 낙엽냄새를 품었다

슬라브 지붕 위에 담요 텐트를 치고 눅눅한 소원을 빌었다
바람이 바뀌면 날아가자 제비처럼
먼 곳으로 떠돌아다니자 인디언처럼
띄엄띄엄 천막 치다 마지막에 돌아오는 유목민처럼

겨울이 끝나도 다음 겨울까지 질긴 사슬이 이어지고
담장 저편 살아있는 땅은 내게 열리지 않았다

만찬

찌그러진 냄비가 게걸스레 불을 삼킨다

오늘 나는 설익은 고깃덩어리
도마 위에 올랐다 펄펄 끓는 혓바닥으로
뒷담화만큼 좋은 안주는 없다

양념만 가득해도 귀를 간질이는 조미료가 있으면 별점 뿌리는 사람들
메인 요리를 기대했다면 잘못 찾아왔어 껍질 다 벗겨야 알맹이 없는 걸 알지

막다른 신음을 타고 가스가 떨어진다
남은 건 냉장고에서 사라진 것들의 목록

부슬비 속에 가로등을 두르고 앉은
금요일 밤에는 역시
컵라면에 소주가 제격이다

폐경

연료 바닥난 스포츠카가 갓길로 들어선다

수직을 향해 흔들리는 바늘
바로 서기 위해 견뎌야 하는 질퍽한 방황

눈금과 눈금 사이 쫓기던 순간이 가고
숨 고르며 휘어진 뚜껑 안쪽을 바라본다

뜨거운 도로를 더 뜨겁게 달구던 날이었다
날렵했던 몸매는 틀어지고 찌그러지며
어디서도 찾지 못할 구식이 되었지만

속도에서 벗어나니 눈앞이 또렷하다
멈춰야 보이는 풍경

내 안의 모든 기관을 소모하며 나는 닳아 없어지는데
배기통 뒤편 기름때처럼 희미한 맥박이 남아있다

입력된 목적지를 지우고
나만의 진짜 중력과 만난다
바늘이 여왕의 자리에 멈춘다

피터팬의 상식

네버랜드에는 규칙이 있어요
규칙을 어긴 사람은 피터팬이 처리하죠, 소리 없이

볼펜과 계산기를 지나
이름보다 숫자가 가까워지면
망막에 잉크를 칠하고 문밖을 상상하지 않아요
지키지 않을 약속에 손가락 걸고
가짜 이름에도 설탕가루 뿌리며
서랍마다 자물쇠를 채우죠

저녁마다 가슴에 불 지르지만 한 번도 라이터를 켜지 못해요
악어가 아니면서 악어인 척
의자에 붙어 속임수를 재단하는 취미가 생겼다면
규칙을 어긴 거예요

안개가 깊숙이 차오르는 새벽
흉터뿐인 거울을 들여다보며
나는 피터팬을 기다려요

유목인

시간이 되었다
얼굴을 바꿀 시간, 새로운 묘기를 덧붙일 시간
목초지를 떠나 황무지로
익숙한 움막에서 낯선 천막으로

바람에 새겨진 글자를 따라
내 안의 광대가 일어선다
눈물 대신 농담을 던지며
짐 꾸릴 때마다 튀어나오는 녀석
레퍼토리를 바꾸기 위해 어설픈 재주를 넘는다
다음 기지국으로 채널을 맞추는 동안

서툰 인사를 미소에 섞으려 해도
목구멍이 따끔거린다
그동안 박힌 날카로운 시선이 가시로 남았다
살기 위해 칼 던지고 창에 찔리며 저녁을 맞는

광대가 사그라지면 나는 황무지 사람이 되어
처음부터 거기 살았다는 듯
이전의 과거는 기억 못할 것이다
지나온 발걸음은 문서함 어디쯤에 머문다

대왕고래의 영가靈歌

눈이 내려
무게 없는 죽음이 하얗게 바다 속을 더듬지

살아서 하지 못한 공양을 하고 있어
쌓이고 쌓여 제물이 되는 일
눈먼 아가미들이 광란의 춤으로 달려오고
썩은 몸을 사랑하는 소리가 울려
살로 살을 키워온 이 몸이면 너희가 굶주리지 않아
먹이가 되고 포식자가 되어 살을 나눈 분신들
그들로 다시 태어날 거야
바다의 심장으로 부화할 날을 기다리며
한 방울씩 이빨이 눈으로 내려

아래로
아래로
아래로
가장 느린 곳으로

나는 바다가 되고 있어
너의 알이 되고 있어
아직 태어나지 않은 네가 되고 있어

해설

삶을 견디는 마약, 시

길상호 시인

삶을 견디는 마약, 시

길상호 시인

  박은주 시인의 첫 시집 『방아쇠를 당기는 아침』을 읽는 동안 "신은 죽었다"는 니체의 유명한 문장이 자주 떠오른 건 우연이 아니다. "신의 죽음은 만물을 존재하게 해주는 어떤 초월적 존재의 사라짐이자, 선악이나 미추를 판단케 해주는 절대적 가치 기준의 붕괴를 의미하는 것으로 해석할 수 있다."[1]고 했을 때, 시인이 그려놓은 세계의 혼란은 그것과 맥을 같이한다. 물론 시인의 시에서 '신'은 상황에 따라 다양한 모습으로 변주되어 나타난다. 때로 '엄마' 또는 '아버지'의 모습으로, 각기 다른 '너'의 모습으로 변형되다가, 형태를 버리고 사회적 관계나 우주적 질서 안에 존재하는 어떤 힘, 혹은 신으로 바뀌기도 한다. 그러나 그들에게는 한 가지 공통점이 있는데, 그것은 사라짐이다. 이미 사라진, 또는 사라져가는 이미지로 그들은 시의 문장에 자리 잡게

---

1) 고병권, 『니체의 위험한 책, 차라투스트라는 이렇게 말했다』(그린비, 2003), 101~102쪽

되는 것이다. 그 존재가 시의 화자들에게 있어서 긍정적이었든 부정적이었든 간에, 절대적인 존재라고 할 수 있던 대상의 사라짐은 수없는 혼란과 고통을 전해줄 수밖에 없다.

인간의 삶은 고통으로부터 자유로워지기 위한 발버둥 그 자체일지도 모른다. 해결책은 쉽게 눈에 들어오지 않고, 오히려 발버둥 칠수록 더 깊은 수렁에 빠지는 일이 허다하다. 그럼에도 불구하고 그 일에 손을 놓아서는 삶이 의미를 잃기 때문에, 자신을 지키고 싶은 자들은 오늘도 기억과 예측을 동원해서 새로운 미래를 설계한다. 새로운 미래를 이루기 위해서는 과거와 현재의 잘못된 연결고리를 파악하고, 그것을 끊어내는 작업이 선행되어야 한다. 그리하여 박은주 시인의 시는 현재를 만들어놓은 고통스러운 상황 속에 발을 담그는 것으로부터 시작된다. 그 속에 들어가 그때는 차마 마주할 수 없었던 것들을 다시 꺼내놓고 실체를 밝히는 작업, 시작詩作은 시인에게 또 다른 고통이 되기도 하였을 것이다. 시 속의 화자들이 대부분 어두운 얼굴을 하고 있는 것은 그런 이유이다. 하지만 그들은 고통에 휩쓸리지 않고 맡은 바의 임무를 충실하게 수행해간다. 그것은 이미 그들이 충분히 고통에 단련되어 있다는 증거이기도 하다.

이렇듯 스스로가 고통 속에 들어가 그것을 기록할 수 있는 힘은 세계에 대한, 삶에 대한 깊은 애정 때문일 것이다. 사라진 것들을 향한 원망과 그리움이 시적 화자들을 절망의 세계로 몰고 가지만 그들 중 어느 하나도 그대로 포기하는 경우는 없다. 오히려 지쳐 삶을 외면해버린 사람들이 다시 깨어나기를 기다리면서, 고통을 다른 차원의 삶으로 승화시킬 방법을 끝없이 모색하고 있는 것이다. 말하자면 『방아쇠를 당기는 아침』은 그 치열함으로 완성시킨 하나의 생존기라 할 수 있다.

1. 사라진 것과 남은 그림자

　상실과 그로부터 야기되는 두려움은 인간의 삶을 괴롭게 만드는 요소 중에서도 영향력이 절대적이라고 할 수 있다. 상실감을 느끼는 순간부터 삶은 균형감각을 잃고 휘청거릴 수밖에 없기 때문이다. 더군다나 그 대상이 자신에게 있어 중요한 가치를 지닌 것이었다면, 충격 또한 비례해서 커질 것은 당연하다. 그런데 상실의 이미지는 시인의 세계에 대한 인식을 파악하게 만드는 요소로 시집 전반에 걸쳐 등장하고 있다. '떠나다', '사라지다', '사그라지다', ' 마르다', '무너지다', '비다', '색을 잃다' 등 소멸과 관련된 서술이 반복되면서, 세계는 불안과 고통으로 가득 채워지고 마는 것이다.

　　단호박마(痲)를 타고
　　생애 최초의 사기사건이 떠오른다

　　영원히 함께 살 줄 알았던 엄마가 떠나고
　　일기를 태우고 사진을 자르며
　　두 언니와 유리구두는
　　늘어진 목주름 사이에서 숨을 멈춘다

댄스곡이 시작되었는데 요정은 오지 않고
젖은 걸레만 춤춘다
개울에 떨어뜨린 신발은
붉은 기침을 토하며 구멍 난 엄마를 찾아 흘러 다닌다

새 신발을 찾지 못해
뒤꿈치는 딱딱하게 갈라진다
여기는 누구의 이야기 속일까
12시가 되어도 아무도 나타나지 않고

초인종 소리에 고개 돌리니
찻잔이 다 식었다
택배, 아니면 세탁물
— 「신데렐라의 티타임」 전문

  시집의 맨 앞장에 위치한 시 「신데렐라의 티타임」은 시인이 그려내고자 한 상실의 세계를 가장 압축적으로 보여준 작품이라고 할 수 있다. 제목에 동화 속 주인공인 신데렐라를 등장시켜 달콤한 인생을 연상케 하지만, 내용은 정반대의 모습으로 전개된다. "영원히 함께 살 줄 알았던 엄마가 떠나"면서 화자가 꿈꾸었던 아름다운 세계는 무참하게 깨져버리고, 그 안에는 고통스러운 현실만이 남는 것이다.
  영국의 정신분석가 존 볼비는 애착이론을 통해 엄마와 아이 사이의 긴밀한 관계가 안정적인 심리 발달에 중요한 역할을 한다는 것을 입증한 바 있다. 모성은 아이가 자신의 세계를 지켜내는 데 있어서 가장 튼튼한 울타리라고 할 수 있다. 그리하여 울타리를 잃어버린 화자는 엄마가 떠나간 뒤에도 "붉은 기침을 토하며 구멍 난 엄마를 찾아 흘러 다니"는 일에 매달린다. '엄마'를 회복시켜야만 파괴된 삶으로부터 벗어날 수 있는 길이 열린다는 사실을 무의식적으로 감지하고 있는 것이다. 하지만 그것은 실패를 거듭하고 '엄마'를 대신할 것을 찾아보기도 하지만 인생의 길에서 자신을 보호해줄 "새 신발"은 어디에도 보이지 않는다. 결국 그녀는 신데렐라 이야기를 현실에서는 이룰 수 없는 " 생애 최초의 사기사건"으로 기억하게 되는 것이다.

 모성의 결핍은 이후의 시에서도 종종 다시 등장을 하는데, 시 「범죄의 현장」에서 "엄마를 찾던 아이가 골목을 돌아 사라졌다"는 대목이나, 「환승지」에서 "검은 커튼이 내려진 창문 너머 그녀가 사라지는 중이고"와 같은 문장들이 바로 그것이다. 절대적인 사랑과 신뢰라고 할 수 있는 모성이 사라진 상태, 그것은 아름다운 세계의 주인공이 결코 될 수 없다는 절망과 연결되어 "여기는 누구의 이야기 속일까" 자꾸 되뇌게 하는 것이다.

  1
  막내 이모 장례식장에서
  물방울무늬 우산을 잃어버렸다

  (… 중략 …)

나는 빈소 구석에서 반 이상 틀린 수학문제를 복습하는 척 했다
홍어무침인지 수육인지 음식 타박에
입을 삐죽대며 접시를 나르면서도
꼭 돌려주겠다며 우산을 갖고 사라진
검은 실루엣만 떠올렸다

2
잃어버린 우산 대신 구부러진 우산만 남아
장대비가 폭죽을 터뜨리면
한 방울씩 빗물이 새어든다
바다를 따라 구름을 건너간 사람들이
휘청거리는 구멍으로 찾아와 이마에 맺히면

나는 단단한 빗물이 되어
사라진 무늬를 찾아 떠난다
— 「물방울무늬의 방문」 부분

  위의 시에서도 "꼭 돌려주겠다"는 약속만을 남긴 채 떠나 돌아오지 않는 사람 때문에 어린 화자는 마음의 상처를 입는다. 아이의 "물방울무늬"처럼 맑고 경쾌한 이미지는 사라지고, 어느새 "구부러진 우산"처럼 낡고 초라한 이미지만 남게 된다. 이와 같은 이미지 전환은 이미 세상의 슬픔을 인식하게 되었다는 것을 뜻하기도 한다. 이제부터는 "장대비가 폭죽을 터뜨리면/한 방울씩 빗물이 새어드"는 세상을 견뎌가야만 하는 것이다. 아마도

이런 상황은 잃어버린 그것을 다시 찾을 때까지 지속되리라. 그렇기에 화자의 "사라진 무늬를 찾아 떠나"는 행위를 반복하면서 슬픔에 익숙해진 상태, "단단한 빗물이 되어"간다.

그런데 더 암담한 것은 화자의 이런 노력에도 불구하고 떠나간 것을 되찾을 가능성은 거의 없어 보인다는 점이다. "검은 실루엣"으로만 남아 있는 단서를 가지고서는 나로부터 소중한 것을 앗아간 존재의 실체를 밝힐 수 없기 때문이다. "바다를 따라 구름을 건너간 사람들"이 도착해 있을 장소 또한 가늠하기 어렵다. 단서도 희박하고 목적지도 보이지 않는 세계를 헤매는 일은 또 다른 비극을 암시한다.

2. 남겨진 자들의 자세

상실을 겪고 난 후, 인간은 절망이라는 것을 하나씩 자신의 몸 안으로 끌어들이게 된다. 그리고 그것에 반응하는 양상도 다양하게 나타난다. 키에르케고르는 그의 저서 『죽음에 이르는 병』을 통해서 절망에 대해 이렇게 이야기한 바 있다. 절망은 정신에 있어서, 즉 자기에게 있어서의 병이며, 거기에는 세 가지 경우를 생각할 수 있다. 절망하여 자아를 가지고 있다는 사실을 의식하지 못하는 경우, 절망하여 자기 자신이려 하지 않는 경우, 절망하여 자기 자신이려 하는 경우[2]로 나누어 그 반응을 설명하고 있는 것이다. 쉽게 이야기를 하면 첫 번째 경우는 절망에 잠식되어 자아를 잃어버린 상태이며, 두 번째는 절망으로부터 회피하

---

[2] 키에르케고르(박병덕 옮김), 『죽음에 이르는 병』(육문사, 1991), 40쪽

려 하는 경우를, 세 번째는 절망과 싸워 오히려 자신을 확고하게 만들어가는 경우를 말한다고 할 수 있다. 시 안에서 펼쳐지는 사람들의 삶의 모습도 대부분은 이 범주 안에서 설명될 수 있다.

「영화 찍는 사회」, 「범죄의 현장」, 「꽃다발」, 「얼굴을 기다리며」, 「규화목」 등 많은 시에서 자신을 잃어버린 채 살아가고 있는 사람들의 모습이 그려지고 있다. 때로는 그들을 바라보며 이야기를 끌어가는 화자까지도 그러한 세계의 유혹에 빠지기도 하는 것처럼 보인다. "죽은 척 가만히 있으니 실패도 없다"(「범죄의 현장」)는 말의 위력은 생각보다 강력해서 많은 사람들이 "죽을 힘을 다해 죽어가"(「꽃다발」)고, 자아가 없는 얼굴에 "가면"(「얼굴을 기다리며」)을 뒤집어쓴 채 "오늘도 물 오른 연기를 펼치"(「영화 찍는 사회」)고 있다.

> 오늘의 세상은
> 오 분 전에 완성되었다
> 목이 잘리지 않으려면
> 그들의 망상을 믿어야 한다
> 무엇이든 가능하다
> 그들에게는
>
> 왕이 바뀔 때마다 지진이 일어난다
> 살아있는 건 아무 것도 없는데 모두 움직인다
> 누구도 승자로 남지 못하는

그들의 규칙

(… 중략 …)

숨 쉬지 않는 푸른 나무와

짖지 않는 개 한 마리가 입구를 지키는

여기가 진짜 세상이다

—「피규어랜드」 부분

시 「피규어랜드」는 자아를 잃어버린 사람들이 "망상"을 통해 가짜의 세계를 만들어놓고, 그 안에서 어떻게 살아가고 있는지 잘 보여주고 있다. 가짜 세계에서 주체로서 행동해서는 살아남을 수가 없다. 나의 의지는 버리고 오로지 "왕이 바뀔 때마다", "그들의 규칙"에 따라서 움직이면 된다. 망상이 깨지면 바로 고통이 다시 시작되기 때문에 "여기가 진짜 세상이다"라는 주문을 머릿속에 끊임없이 주입하면서 자신의 존재를 잊어가는 것이다.

키에르케고르는 다시 이렇게 이야기한다. 자기가 절망하고 있음을 모르는 절망자는 자기가 절망하고 있음을 아는 절망자에 비해 하나의 부정否定을 더 가지고 있는 것이다. 또한 그만큼 진리와 구원으로부터 멀리 떨어져 있는 것이다.[3]

비록 육체적인 고통으로부터 잠시 벗어날 수는 있을지 몰라도, 그렇게 지속되는 삶에서는 어떠한 의미도 얻을 수가 없다. 진리와 구원이 이 세계를 살아가는 목적이라고 할 때 그들 중

---

3) 키에르케고르(박병덕 옮김), 『죽음에 이르는 병』(육문사, 1991), 93쪽

"누구도 승자로 남"을 가능성은 없어 보인다.

   (… 상략 …)

   머리에 방아쇠를 당기는 상상
   밑바닥에 깔린 온기를 긁어모아
   이를 악물고
   이제 내게 복수해야 할 시간
   태어난 죄를 묻고
   너의 거짓말을 믿은 죄를 심판하려고

   신호가 울리면
   숨을 깊이 마시고
   어깨를 단정히 하고
   아침마다 방아쇠를 당긴다
   — 「방아쇠를 당기는 아침」 부분

  가짜 세계 속으로 숨어 들어간 사람들과 달리, 시 속의 화자는 자신을 잃지 않으려 "이를 악물고" 삶을 견뎌내는 모습을 보인다. 어떤 경우에는 "담장 저편 살아있는 땅은 내게 열리지 않았다"(「지붕에서 보는 별은 젖어 있다」)라고 자신이 처한 절망의 깊이가 얼마나 가혹한지 토로하기도 하지만, 그렇다고 하더라도 "눅눅한 소원을 비"(「지붕에서 보는 별은 젖어 있다」)는 일을 멈추지 않는다. 오히려 자아를 잃고 살아가는 자들을 측은한 눈

빛으로 바라보면서, 가짜 세계를 감시하고 비판함으로써 그들이 다시 진짜 세계 속으로 돌아오기를 갈구하고 있는 것처럼 보인다.

 그렇기 때문에 위의 시에서 "머리에 방아쇠를 당기는 상상"은 자아를 죽이고 싶어서 행해지는 아니라, 반대로 고통 속에 지쳐가는 자아를 다시 일깨우는 행위라고 할 수 있다. 그리고 "태어난 죄를 묻고/ 너의 거짓말을 믿은 죄를 심판하려고" 한다는 말도 단순한 자책이 아니라, 인간으로서의 한계와 무지를 인정하고 이제 그것들과의 재결투를 선언하는 것이 된다. 그것은 세계에 대한, 나의 과거에 대한 "복수"의 시작이기도 하다. 화자가 이렇듯 "아침마다" 고통 속에 자신을 몰아넣는 이유는 삶에 결코 패배하고 싶지 않기 때문이다. 그리하여 또 다른 시「모의법정」에서도 화자는 끊임없이 스스로에게 묻는다. "나는 살아있습니까"라고.

3. 희망이라는 고문과 마약

 세계와의 끝없는 싸움을 감당하기에 인간이 가진 힘은 역부족이다. 능력 밖의 능력을 끌어내지 않고서는 이미 승패는 정해진 것이나 다름없다. 그런데 다행히도 인간에게는 초월의 힘이 있다. 그것은 경험이나 인식의 범위를 벗어나 그 바깥에 위치하는 것으로, 초월의 힘을 사용하면 고통 안에 있으면서도 고통으로부터 자유로워질 수 있는 것이다. 초월을 이뤄내기 위해서는 간절함과 함께 육체와 정신을 온전히 내던질 수 있는 용기가 필요하다. 이때에 고통은 앞의 조건을 충족시키는 데 있어서 기본 재료가 되기도 한다. 고통이 크면 클수록 그것을 넘어서야 한다는 절박함도 커지기 때문이다.

    난 가끔 마약을 해
    웅덩이에 고인 물로 속을 채워도
    눅눅한 어둠을 헤매도
    내일은 생선꼬리를 찾을 거라고
    말라붙은 배를 움켜쥐고
    희망을 밀어 넣어
    세포 하나하나 뜨거워지는 고문

    가시 박힌 내장을 따라 낯선 거리로 항해를 시작해 속눈썹에서 시작된 비바람이 기둥을 삼키는 동안 썩은 봉투를 핥지
    비릿한 바람에 꼬리를 세우고 수염이 이끄는 대로 진흙탕을 건너 깨진 도로에 발톱이 찢겨도 몽둥이를 피하려면 달려야 해

    뼈가 뒤틀리고 숨이 가빠와
    땀이 솟는데 살점이 얼어붙고
    내버려 둬
    약 없이 살 수 있는 계절이 거의 다 왔어
    ―「개다래나무」 전문

위의 시에서는 세상에 내던져진 길고양이를 화자로 내세워,

그가 어떻게 참혹한 세상을 버티고 있는지를 보여준다. 그 밑바탕에는 인간의 삶도 다를 바 없다는 전제가 깔려있다. 고양이가 처한 상황은「인어공주」속 인물의 그것과 겹치는 부분이 많다. "가시 박힌 내장"과 "손끝마다 박힌 가시", "약 없이 살 수 있는 계절이 거의 다 왔어"와 "마지막 숨을 바다에 보내려 떠날 준비를 한다", "진흙탕"과 "검푸른 바다"의 대응을 살펴보면 시인의 그런 인식을 쉽게 확인할 수 있다.

 길고양이처럼 무방비 상태로 내던져진 삶, 비극은 생명이 태어나기 전부터 이미 그를 기다리고 있던 것이다. "약 없이 살 수 있는 계절" 즉 죽음에 이르기까지 "수염이 이끄는 대로 진흙탕을 건너"가야 하는 것이다. 더군다나 세계는 폭력적이기까지 해서 "몽둥이를 피하려면", "뼈가 뒤틀리고 숨이 가빠"올 때까지 "달려야"한다. 이 상황에서 "희망"은 오히려 "세포 하나하나 뜨거워지는 고문"으로 작용할 것이다. 나약한 존재로서의 고양이가 주어진 험난한 상황을 스스로의 의지에만 의존해 극복할 수는 없을 것이다.

 개다래나무에는 네페탈락톤이라는 물질이 함유되어 있어 고양이의 뇌를 자극하고 흥분 상태로 이끈다고 한다. 그래서 개다래나무는 고양이에게 "마약"과 같은 역할을 하는 것인데, 위의 시에서 그것은 현실을 초월할 수 있는 유일한 방법으로 등장한다. 고양이는 개다래나무를 통해서 현실을 잠시 잊고, 힘을 다시 충전해서 다음의 생을 이어갈 수 있는 것이다.

  시간이 되었다

얼굴을 바꿀 시간, 새로운 묘기를 덧붙일 시간
목초지를 떠나 황무지로
익숙한 움막에서 낯선 천막으로

(… 중략 …)

광대가 사그라지면 나는 황무지 사람이 되어
처음부터 거기 살았다는 듯
이전의 과거는 기억 못할 것이다
지나온 발걸음은 문서함 어디쯤에 머문다
— 「유목인」 부분

 고양이가 현실을 벗어날 수 있는 방법으로 개다래나무를 이용한다면 시인에게는 시가 있다. 시는 "황무지" 같은 세계를 벗어나 '나'를 "목초지"로 이끄는 길잡이 역할을 한다. 인간의 추상적 사고능력은 어느 시대에 있어서나 인간으로 하여금 현실을 살면서도 늘 초월을 동경하게 해왔다. 초월이 어떻게 보면 현실을 회피하는 것처럼 느껴지기도 하지만, 그것은 더 크고 아름다운 세계를 보여줌으로써 현실의 고통을 무화시키는 역할을 한다. 시 또한 마찬가지일 것이다. 현실로 돌아오면 "이전의 과거는 기억 못할 것이"지만, 분명 초월을 경험하고 난 현실은 훨씬 수월하게 받아들일 수 있는 것이 되어 있을 것이다. 또한 "문서함 어디쯤에" 다시 돌아갈 자신의 세계가 있다는 것만으로도 시인에게는 커다란 위안이 아닐 수 없다.

시를 통해 얻은 초월의 세계 속에서 시인은 "생명의 고리를 따라"(「하트의 귀향」)끝없이 순환하는 우주의 섭리를 발견한다. 우주의 질서 차원에서 볼 때 사라짐, 즉 죽음은 새로운 탄생의 시작을 의미한다. "대왕고래"의 죽음이 "먹이가 되고 포식자가 되어 살을 나눈 분신들/ 그들로 다시 태어"(「대왕고래의 영가靈歌」)나는 시작점이 되듯이 말이다. 그리하여 시인도 언젠가 상처 받기 이전의 세계 "태어난 곳으로 돌아"(「하트의 귀향」)갈 수 있다는 희망을 다시 품는다. 이것이 시인에게 작용하고 있는 시의 마약과도 같은 힘이라고 할 수 있다.

이렇게 볼 때 박은주 시인의 시집『방아쇠를 당기는 아침』은 상실로부터 야기된 혼란과 고통을 다스려가는 과정에서 얻어진 산물이라 할 수 있다. 황폐한 세계에서 끊임없이 자신을 지켜내려고 했던 몸부림의 흔적들이 문장마다 고스란히 남아 시를 살아있게 한다. 또한 그 과정에서 발견해낸 초월적 사고는 앞으로의 시가 한층 깊은 단계로 발전해가리라는 기대를 불러일으키기에 충분하다. 시인의 세계와의 싸움이 앞으로도 더 치열하게 전개되길, 그리고 그 싸움에서도 꼭 승자가 되어 다시 돌아오길 바라는 마음이다.

박은주 시집

방아쇠를 당기는 아침

발　　행 2018년 4월 30일
지 은 이 박은주
펴 낸 이 반송림
편집디자인 김지호
펴 낸 곳 도서출판 지혜
　　　　　계간시전문지 애지
기획위원 반경환 이형권 황정산
주　　소 34624 대전광역시 동구 선화로 203-1, 2층 도서출판 지혜 (삼성동)
전　　화 042-625-1140
팩　　스 042-627-1140
전자우편 ejisarang@hanmail.net
애지카페 cafe.daum.net/ejiliterature

ISBN : 979-11-5728-273-9 03810
값 10,000원

이 책의 판권은 지은이와 도서출판 지혜에 있습니다.
양측의 서면 동의 없는 무단 전제 및 복제를 금합니다.

* 후원 : 대전광역시, (재)대전문화재단
* 이 사업은 대전광역시, (재)대전문화재단에서 사업비 일부를 지원 받았습니다.

박은주

박은주 시인은 충남 당진에서 태어났다. 2016년 애지신인문학상에 당선되면서 작품발표를 시작했다. 한남대학교 사회문화대학원 문예창작과를 졸업했다. 총을 쏘고 총을 맞는다는 것, 비로 이것이 생존경쟁의 진면목이며, 모든 생존경쟁은 '제로 섬 게임'이라고 할 수가 있다. 박은주 시인의 첫 시집 『방아쇠를 당기는 아침』은 임전무퇴의 아침이며, 그만큼 살기가 가득차고 피가 튀는 저격수의 아침이라고 할 수가 있다.

이메일 : ending_2001@naver.com